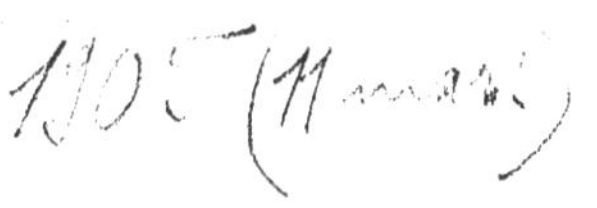

VENTE A PARIS

Le Samedi 11 Mars 1905

COLLECTION DE M. CH.***

ANTIQUITÉS

ÉGYPTIENNES

GRECQUES ET ROMAINES

Mme RAYMOND SERRURE

19, RUE DES PETITS-CHAMPS, 19

PARIS

MÂCON, PROTAT FRÈRES, IMPRIMEURS.

ANTIQUITÉS

ÉGYPTIENNES, GRECQUES ET ROMAINES

TERRES CUITES

TERRE ÉMAILLÉE, BRONZES, BIJOUX

VENTE AUX ENCHÈRES PUBLIQUES

à Paris, Hôtel des Commissaires-Priseurs, rue Drouot, 9,

SALLE N⁰ 8, AU 1ᵉʳ ÉTAGE

Le Samedi 11 Mars 1905

A deux heures précises.

EXPOSITION PUBLIQUE UNE HEURE AVANT LA VENTE

Les objets sont visibles chez Mᵐᵉ R. Serrure.

Commissaire-Priseur :	Expert :
Mᵉ LAIR-DUBREUIL	Mᵐᵉ RAYMOND SERRURE
6, RUE DE HANOVRE, 6	19, RUE DES PETITS-CHAMPS, 19

PARIS

CONDITIONS DE LA VENTE

———

La vente aura lieu au comptant.

Les acquéreurs payeront *dix pour cent* en sus des adjudications.

L'exposition mettant les acheteurs à même de juger de l'état des objets catalogués, aucune réclamation ne sera admise aussitôt l'adjudication prononcée, sauf le cas d'erreur matérielle.

Mᵐᵉ Raymond SERRURE se charge, à ses conditions habituelles (5 % sur la limite), des commissions qu'on voudra bien lui confier.

La collection d'objets égyptiens que nous mettons en vente appartient à M. Ch****, attaché au service des antiquités égyptiennes au Caire, de 1899 à 1903.

ANTIQUITÉS

ÉGYPTIENNES

1 Isis assise, tenant sur les genoux l'enfant Horus ; coiffure à l'uraeus surmontée du disque solaire entre les cornes. Les yeux de la déesse sont incrustés d'or et soulignés. Pièce d'une grande finesse d'exécution, un des beaux spécimens connus. Trouvée à Thèbes. Bronze patine vert foncé. Haut. 270 mm. *V. pl. I, n° 8.*

2 HORUS. (*Harpocrate*) assis, portant l'index dr. à la bouche ; sa coiffure est surmontée de touffes de papyrus et de deux uraeus. Bronze pat. brune. Tr. à Thèbes. Haut. 210 mm. *V. pl. I, n° 9.*

3 AMMON-RA dans l'attitude de la marche. Il porte la couronne rouge surmontée de deux plumes droites avec le disque solaire. Pièce assez rare. Bronze pat. verte. Haut. 130 mm. Tr. à Thèbes (l'avant-bras g. et le haut de la coiffure manquent).

4 OSIRIS. Bronze. Haut. 120 mm. Tr. à Sakkarah (les pieds manquent).

5 KHEM ou *Ammon-générateur* debout, le bras dr. tenant le flagellum. Le corps enveloppé comme celui d'une momie, il porte la couronne rouge et le disque solaire surmonté de deux plumes droites. Bronze. Haut. 120 mm. Tr. à Sakkarah. Pièce rare.

6 OSIRIS. Bronze. Haut. 210 mm. Même provenance.

7 MAUT debout dans l'attitude de la marche ; elle est coiffée du pschent complet et de la dépouille du vautour. Bronze pat. verte. Tr. à Thèbes. Haut. 180 mm. *V. pl. I, n° 7.*

8 Osiris mummiforme, coiffé de l'atew complet. Bronze. Haut. 120 mm. Tr. à Thèbes.

9 Nephthys, sœur d'Isis. Bronze. Haut. 120 mm. (les pieds manquent).

10 Nefer-Toum debout, vêtu de la schenti, coiffé du klaft et de la fleur de lotus. Bronze. Haut. 120 mm. Tr. à Sakkarah (les pieds manquent).

11 Sekhet à tête de lionne, coiffée du disque à l'uraeus. Bronze. Haut. 105 mm. Tr. à Saïs.

12 Osiris. Bronze. Haut. 110 mm. Tr. à Karnak (les pieds manquent).

13 Petit alabaster à deux oreillettes, orné de quatre divinités en relief. Bronze pat. vert foncé. Jolie pièce bien conservée.

14 Chat portant un collier orné d'une égide à tête de Sekhet. Les oreilles et les narines sont percées. Bronze pat. foncée. Tr. à Sakkarah. Très jolie pièce finement exécutée. *V. pl. I. n° 5.*

15 Bœuf Apis coiffé du disque à l'uraeus. Bronze. Long. 50 mm. Tr. à Sakkarah.

16 Petite Isis. Bronze (a été dorée). Haut. 100 mm.

17 Ptah mummiforme, coiffé d'un serre-tête et tenant le sceptre. Intéressante petite pièce. Bronze pat. foncée. Haut. 80 mm. Trouvé à Sakkarah. *V. pl. I, n° 2.*

18 Osiris. Bronze. Haut. 110 mm. Tr. à Karnak.

19 Sekhet. Bronze. Haut. 90 mm. Tr. à Saïs (les pieds manquent).

20 Petit épervier sur une colonne. Bronze. Haut. 80 mm.

21 Horus coiffé de l'atew. Haut. 80 mm. Bronze. Trouvé aux pyramides de Guizeh.

22 Alabaster. Bronze pat. verte. Tr. à Sakkarah. Haut 120 mm.

23 Horus coiffé du disque et de deux plumes. Haut. 80 mm. Tr. à Sakkarah.

24 Tête d'Hathor surmontée du *naos*. Bronze. Haut. 70 mm. Tr. à Karnak.

25 Nefer-Toum en marche, coiffé du klaft surmonté de la fleur de lotus. Bronze. Haut. 80 mm. Tr. à Sakkarah.

26 Apis. Bronze. Long. 45 mm. Même provenance.

Pas de n° 27.

28 Ra ou *Phré* à tête d'épervier, dans l'attitude de la marche. Bronze. Haut. 70 mm. Tr. à Thèbes.

29 Chat assis sur une colonne. Bronze. Haut. 80 mm. Tr. à Thèbes.

30 Ibis. Le corps est en pierre dure, la tête et les pieds en bronze. Tr. à Sakkarah. Long. 70 mm.

31 Osiris. Bronze, même provenance. Haut. 60 mm.

32 Ptah mummiforme. Bronze. Haut. 55 mm. Même provenance.

33 Horus. Bronze pat. verte. Haut. 60 mm. Tr. à Karnak.

34 Pharaon ? dans l'attitude de la marche, portant le signe *maat*. Bronze. Haut. 60 mm. Tr. près des pyramides de Guizeh. Rare.

Pas de nᵒ 35.

36 Fourmilier allongé sur une gaine creuse. Long. 50 mm. Bronze pat. brune. Tr. à Sakkarah (incomplet).

37 Nefer-Toum. Bronze. Haut. 70 mm. Tr. avec le nᵒ 25.

38 Six pointes de flèche. Bronze.

39 Lot de sept petits objets divers, amulettes. Bronze.

40 Ptah *patèque*. Terre émaillée verte. Haut. 65 mm. Tr. à Thèbes (les pieds manquent).

41 Ptah *embryon*, coiffé de l'atew. Terre émaillée bleue. Tr. à Abydos. Haut. 75 mm. Jolie pièce.

42 Apet ou *Thoueris* à la tête d'hippopotame. Très jolie amulette émail vert. Haut. 65 mm. Tr. à El Amarna.

43 Amulette terre émaillée. Tr. au Fayoum.

44 Figurine funéraire de Pharaon. Porcelaine bleue. Tr. à Deir-el-Bahari.

45 Sekhet. Amulette tr. à Sakkarah.

46 Double représentation de Ra. Amulette émail vert. Tr. à Guizeh.

47 Figurine funéraire, terre émaillée. Tr. à Deir-el-Bahari.

48 Anubis. Amulette émail vert. Tr. près de la pyramide de Chephrem.

49 Isis allaitant Horus. Émail vert très bien conservé. Haut. 65 mm. Tr. à Abydos.

50 Noum à la tête de bélier. Terre émaillée. Haut. 80 mm. Tr. à Thèbes.

51-52 Pharaon ? Émail bleu et vert. Tr. à Thèbes. — 2 p.

Pas de nᵒ 53.

54 Statuette funéraire. Inscription peinte en noir. Porcelaine émail bleu. Haut. 80 mm. Tr. à Deir-el-Bahari.

55-56 Statuettes funéraires terre rouge, inscription en noir. Haut. 50 mm. Même provenance.

57 Tat surmonté d'une tête humaine coiffée de la perruque. Terre émaillée. Tr. à Sakkarah.

58 Chat-amulette terre émail bleu. Tr. dans la Basse-Égypte.

59 THOT à tête d'ibis, amulette terre émaillée.

60 RA. Amulette émail vert. Tr. aux pyramides de Guizeh.

61 Tête ayant probablement appartenu à une statue de personnage civil, coiffée de la perruque rayée (moyen
empire). Basalte vert. Haut. 40 mm.

62 BÈS. Amulette, émail vert. Sakkarah.

63 Chat. Amulette, terre cuite.

64 PHARAON. Figurine émail bleu. Tr. avec le n° 44.

65 et 66 Cynocéphale et le signe *Maat*. Amulettes terre émaillée. — 2 p.

67 THOUÉRIS. Amulette, terre émaillée.

68 Figurine funéraire. Tr. avec le n° 54.

69-71 Petits vases à onguents, émail vert. Tr. dans la Basse-
Égypte. — 3 p.

72 THOT. Amulette, terre émaillée.

73 TAT. Amulette, tèrre émaillée.

74 Triade thébaine, amulette, terre émaillée. Tr. à Thèbes.

75 Amulette, pâte de verre représentant le dieu Shou.

76 TAT. Amulette, terre émaillée. Tr. avec le n° 73 aux pyramides de Guizeh.

77 Amulette représentant le profil d'Osiris. Tr. à El-Amarna.

78 SHOU. Amulette, émail vert. Tr. à Abydos.

79 Chat. Amulette, terre émaillée.

80 BÈS. Amulette, émail bleu turquoise. Haut. 25 mm.

81 et 82 Amulettes, émail vert et petite Isis. — Br. 2 p.

83 NOUM. Amulette. Tr. à Thèbes.

84 et 85. Petits vases à onguents, émail vert et bleu. Basse-
Égypte. — 2 p.

86 URAEUS. Amulette. Émail vert.

87 et 88 Figurines funéraires. Porcelaine bleue émaillée.
Haut. 60 mm. et 65 mm. Tr. à Memphis. — 2 p.

89 et 90 Lièvre et bélier. Amulettes, terre émaillée. — 2 p.

91 à 95 Petits chevets en hématite. Tr. à Sakkarah et à Thèbes.
— 5 p. Assez rares.

96 RA. Amulette, émail vert. Haut. 30 mm. Basse-Égypte.

97 PHARAON. Amulette. Émail bleu.

98 Petit vase, terre émaillée. Tr. avec le n° 84.

99 Grand scarabée en pierre dure. Le plat est orné d'une inscription. Traces de dorure. Long. 50 mm. *V. pl. I, n° 6.*

100 Petit socle, terre émaillée avec inscription hiéroglyphique.
Tr. à Sakkarah.

101 à 112 Bagues émail, bleu, vert, rouge, blanc. Les chatons
portent l'œil mystique, la tête d'Hathor, un lotus, etc. —
11 p. Lot très intéressant.

113 à 131 Scarabées pierre durre et terre émaillée. Quelques-
uns portent le cartouche royal de Thotmès III. — 18 p.

132 Trois petits pains de couleur bleue, dans une coupe de
bronze. Tr. dans le tombeau de Thotmès III, à Louxor
(cette peinture servait à la décoration intérieure des tombeaux).

133 Triade composée d'Isis, Osiris et Horus, ce dernier avec
une tête d'épervier. Très intéressante et rare pièce en
silex. Tr. à Sakkarah (la partie inférieure manque).
Haut. 80 mm. *V. pl. I, n° 3.*

134 OUDJA double. Émail bleu-vert. La pupille en émail noir.

135 à 153 OUDJAS, terre émaillée. Un de ces *oudjas* porte le cartouche de Thotmès IV (très rare). Tr. à Thèbes. —
18 p.

154 Cachet, terre émaillée, portant le cartouche de Thotmès III.

155 Cynocéphale en améthyste (ébauche). Tr. à Sakkarah.

156 Cœur amulette, basalte vert. Tr. à Abydos.

157 Petit Osiris bronze. Tr. à Karnak.

158 Vase à onguent. Tr. avec les nos 69 et 70.

159 Série de six amulettes, émail vert et bleu, représentant des
divinités parmi lesquelles Isis et Nephtys. Très fines et
très bien conservées. Tr. dans la Basse-Égypte.

160 PHARAON. Amulette, même provenance que le n° 44.

161 TAT. Terre émaillée. Sakkarah.

162 Petite équerre hématite : Thèbes.

163 TA (boucle de ceinture). Amulette. Tr. à Abydos.

164 ANUBIS. Amulette, émail vert. Tr. à Louxor.

165 Œil provenant d'un sarcophage des prêtres d'Ammon. Tr.
à Deir-el-Bahari.

166 Fragment de haut relief représentant une tête d'Osiris,
coiffée de l'atew. Haut. 170 mm. Pierre calcaire. Tr. à
Karnak. Intéressante pièce. *V. pl. I, n° 1.*

167 à 173 Amulettes, terre émaillée et pierre dure. Tr. à Thèbes.
— 6 p.

174 à 186 Amulettes, formes différentes, pierre dure, verre, terre
émaillée. Tr. à Louxor. — 12 p.

187 à 190 Cachets, pierre dure et terre émaillée. Tr. à Abydos.
3 p.

191 à 197 Anneaux os et cornaline. — 7 p.

198 à 210 Objets divers, cornaline, terre émaillée, verre. Tr.
dans la Basse-Égypte. — 12 p.

211 Figurine funéraire finement modelée. Le tablier et le revers
sont entièrement recouverts d'inscriptions hiérogly-
phiques. Porcelaine émail vert. Très jolie pièce. Haut.
200 mm.

212 Statuette funéraire portant au revers le nom de Em—Saf,
chef des bateaux du roi, XXVIe dynastie. Tr. à Sakkarah.
Haut. 165 mm. Très jolie pièce finement modelée. Émail
bleu turquoise. *V. pl. I, n° 10.*

213 Statuette funéraire portant le nom de Tot-Knoum, XXVIe
dynastie. Émail vert. Haut. 170 mm.

214 à 232 Figurines funéraires : attributs et hiéroglyphes
peints en noir. Porcelaine émail bleu. Tr. à Deir-el-
Bahari, dans la cachette des prêtres d'Ammon. — 18 p.
à diviser.

233 Petite œnochoé terre cuite. Tr. à Fayoum. Haut. 50 mm.

234 à 243 Petits flacons à collyre et vases à onguents, formes
différentes. Albâtre. — 9 p.

244-245 Deux petites œnochoés, terre cuite rouge. Tr. à Fayoum.
Haut. 50 et 65 mm.

246 Bandelette de toile provenant d'une momie d'un prêtre
d'Ammon.

247 Grand collier de perles, différentes couleurs.

248 à 250 Trois petits alabasters albâtre.

251 Collier de 68 perles d'améthyste.

252 Fragments de bandeaux funéraires représentant des divinités. Or estampé. — 6 p.

253 Joli collier de 90 perles et amulettes de cornaline. Tr. à
Memphis.

254 à 257 Petits vases à onguents. Albâtre. — 4 p.

258 Petit collier de perles bleues et améthystes.

259 Petit vase albâtre.

260 Le même que le n° 246.

261 Petit mortier presque plat, granit noir. Tr. à Abydos.
Diam. 65 mm.

262 Collier de 70 perles bleues, rondes, orné du même nombre
d'amulettes disposées en pendeloques. Très jolie pièce.

263 Petit vase terre cuite blanche, forme gourde.

264 à 267 Petits vases albâtre et terre cuite. — 4 p.

268 Inscription hiéroglyphique. Pierre calcaire. Fragment. Long. 100 mm.

269 Haut relief représentant Nefer-Toum en marche. Pierre calcaire. Haut. 100 mm.

270 Stèle granit noir représentant le dieu Ptah. Haut. 110 mm. Tr. à Karnak.

271 Curieuse figurine de rameur assis. Cheveux et yeux peints en noir. Bois. Haut. 140 mm. *V. pl. I, n° 4.*

272 à 274 Mêmes sujets. Bois, peinture rouge et noire — 3 p. Tr. à Meir.

275 et 276 Figurines de matelots. Bois. Peinture rouge et noire. Haut. 75 mm. —2 p

277 et 278 Rames bois; tr. à Meir. Long. 250 mm. et 280 mm

279 Vase albâtre. Haut 45 mm.

280 Mortier en albâtre contenant du blé trouvé dans un des tombeaux royaux. Haut. 70 mm.

281 Vase à oreillettes simulant des anses. Albâtre. Haut. 90 mm.

282 Scarabée funéraire avec les quatre génies et les élytres. Faïence émail bleu (deux des élytres manquent).

283 Partie supérieure d'une stèle avec inscriptions hiérogly-phiques et tête d'Osiris. Pierre calcaire. Haut. 125 mm. Tr. à Sakkarah.

284 Buste à mi-corps d'un personnage coiffé de la perruque. Pierre calcaire. Haut. 150 mm.

285 Inscription hiéroglyphique (fragment pierre calcaire). Tr. à Karnak.

286 Petit vase terre cuite rouge.

287 Sirène coiffée de la perruque. Terre cuite dorée. Haut. 60 mm.

288 Lion couché. Terre cuite dorée. Long. 55 mm.

289 Amulette : fleur de lotus, couronne rouge. Porcelaine, émail bleu turquoise. — 2 p.

290 Masque funéraire gréco-égyptien, figure d'homme, yeux peints en noir. Plâtre. Haut. 170 mm. (une partie du front et une oreille manquent).

291 Partie inférieure d'une statuette de Thoueris. Pierre dure. Haut. 75 mm.

292 Figurine d'enfant couché. Terre cuite, émail blanc et vert. Long. 65 mm.

ANTIQUITÉS GRECQUES ET ROMAINES

Terres cuites, marbre, bijoux et divers.

293 Alabaster corinthien: sphinx et canard. Décor de rosaces. Peinture brune sur fond jaune. Haut. 90 mm.

294 Lécythe à fond rouge décoré d'une tête de femme peinte en noir, détails incisés, palmette sous l'anse. Haut. 110 mm.

295 Lampe terre cuite blanche, sujet en relief et inscription grecque. Tr. en Egypte.

296 Lampe terre cuite rouge, le dessus orné de trois masques en relief, le dessous porte les lettres KΛ. Tr. en Egypte.

297 Cachet destiné à marquer les pains votifs. Terre cuite. Tr. en Egypte.

297 *bis*. Lampe à anse, terre cuite rouge, le dessus orné d'une triade en relief. Horus et deux divinités à corps de serpent ; au-dessous NIKH et deux palmes.

298 Vase en forme d'amande. Petit goulot et deux anses. Terre jaune. Haut. 140 mm.

299 Epingle à cheveux en os, la tête est ornée d'une tête diadémée. Long. 150 mm. Dé à jouer os. — 2 p.

300 Buste ayant appartenu à une grande figurine de femme ; le bras dr. replié derrière la tête soutenait un vase qui a disparu. Haut. 150 mm.

301 Femme drapée et voilée, debout, la tête légèrement inclinée, le bras dr. sous la draperie, la main g. soutient les plis du voile. Base plate. Haut. 190 mm. Thèbes.

302 Jeune fille debout vêtue d'une robe et d'une draperie qui lui couvre seulement le bas du corps; la main dr. tient un miroir ou un tambourin. Traces de blanc et de bleu. Base plate. Jolie pièce. Haut. 180 mm.

303 Tête de Muse (Calliope ?) le front ceint d'un bandeau, le visage finement modelé. Terre jaune. Haut. 95 mm. *V. pl. II.*

304 Vénus demi-nue, debout marchant; le bras dr. relevé soutient son manteau ; coiffure à bandeaux relevés en forme de houppe. Traces de blanc. Socle creux. Haut. 200 mm. Thèbes.

305 Jeune enfant souriant, assis, revêtu de la chlamyde, coiffure en couronne, tenant une bourse à la main dr. Haut. 95 mm. Charmante pièce. Tanagra.

306 Berger coiffé d'un bonnet conique, assis sur un rocher et jouant de la flûte de Pan. Haut. 115 mm.

307 Satyre tenant une lyre et s'appuyant sur l'épaule d'un enfant debout près de lui. Traces de blanc et de rouge. Haut. 115 mm. Thèbes.

308 Quatre petits Amours dansant, les ailes éployées, dans des attitudes différentes. Jolies pièces trouvées dans un tombeau à Tanagra. Haut. 75 mm. *V. pl. II.*

309 Tête de Diane, coiffure en bandeaux ; deux mèches relevées en diadème, chignon bas. Marbre blanc. Haut. 90 mm. Très jolie pièce. *V. pl. II.*

310 Pied dr. Ex-voto. Marbre blanc. Long. 115 mm.

311 Moule de statuette. Pierre calcaire avec inscription ΑΠΛ. Long. 120 mm.

312 Statuette archaïque. Guerrier debout sur une base, les bras pendant le long du corps. Haut 115 mm. Bronze. Tr. à Olympie. *V. pl. II.*

313 Isis debout, coiffée de la perruque rayée et de l'uraeus. Haut. 80 mm. Bronze belle pat. *V. pl. II.*

314 Horus enfant, nu, tenant une corne d'abondance en partie brisée. Bronze belle patine verte. L'avant-bras dr. manque. Haut. 90 mm. *V. pl. II.*

315 Buste de Mercure, la tête ornée des deux ailerons, yeux incrustés d'argent. Bronze. Haut. 75 mm.

316 Charmante petite statuette de Diane chasseresse portant son carquois. Les avant-bras et le bas des jambes manquent. Haut. 45 mm. Bronze. Très belle patine verte. *V. pl. II.*

317 Petite statuette de Jupiter debout drapé. Bronze pat. foncée. Haut. 75 mm.

318 Paire de boucles d'oreille, anneau torsadé orné de perles de couleur et terminé par une tête de taureau. Or. Poids 5 gr.

319 Paire de boucles d'oreille avec pendants. L'anneau est orné de perles de couleur, le pendant est formé d'une grosse perle verte. Poids. 6 gr.

320 Pendeloque or en forme de croissant, orné d'un pendentif améthyste. Poids 4 gr.

321 Tête de taureau archaïque. Or estampé. Poids 2 gr. 6.

322 Petite bague or, le chaton orné d'une inscription en pointillé ΚΑΛ. Poids 2 gr.

323 Grand diadème or estampé orné de six feuilles de chêne et d'une petite rosace centrale. Poids 36 gr. Long. 640 mm.

324 Deux petits anneaux d'or unis. 15 gr.

325 Trois perles ovoïdes, terre cuite recouverte d'une feuille
d'or. Poids 10 gr.

326 Main et avant-bras de statuette. Or (aplati). 5 gr.

327 Grande intaille onyx : Victoire couronnant l'Amour.

328 Grande intaille pierre dure avec inscription.

329 Cachet phénicien en onyx.

330 Intaille cornaliné : cavalier poursuivant des fauves.
Archaïque.

331 Un lot fragments de cachets pierres gravées avec inscriptions. — 4 p.

MACON, PROTAT FRÈRES, IMPRIMEURS.

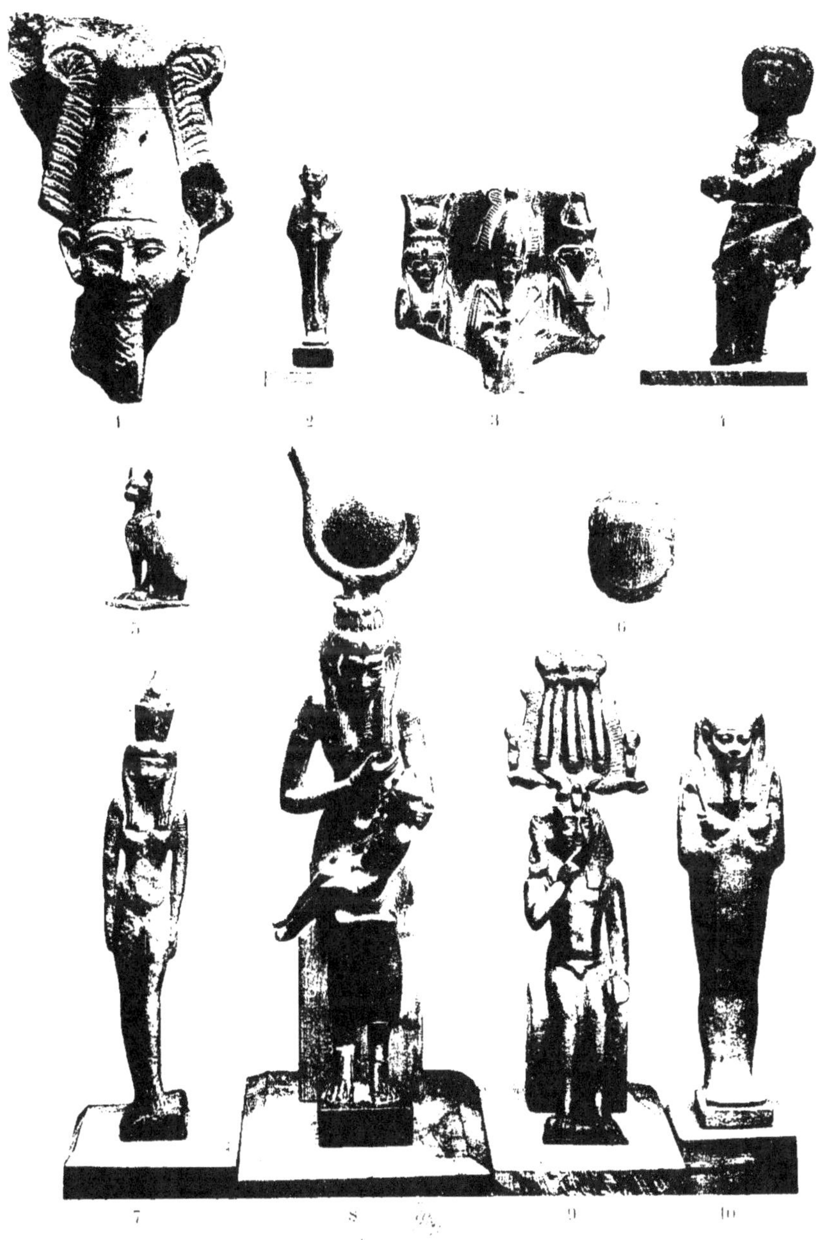

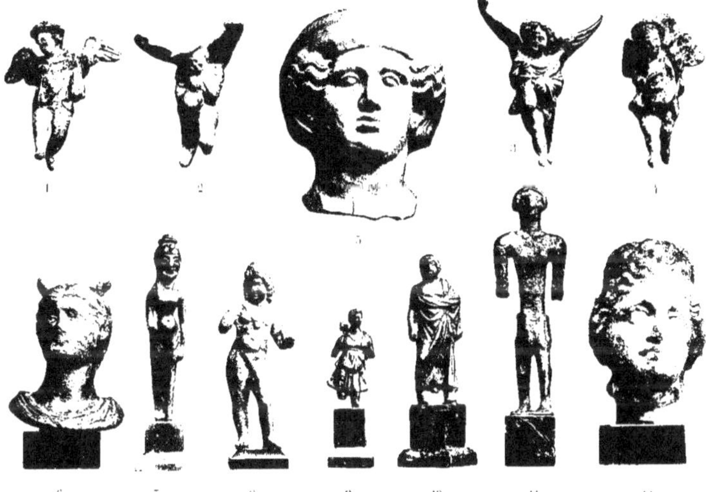